PACTES & DÉMONS

UNICURSAL

Copyright © 2026

Éditions Unicursal Publishers
unicursal.ca

ISBN 978-2-924859-04-9 (PB)
ISBN 978-2-89806-749-5 (HC)

Première Édition, Eostara 2017
Deuxième Édition, Imbolc 2026

PACTES
& DÉMONS

Évocation des Puissances Infernales

PACTES & DÉMONS

LA QUESTION

L e diable existe-t-il?

A cette question évidemment capitale en l'occurrence, nous répondrons : *Il existe dès que nous y croyons et il n'existe plus dès que nous n'y croyons plus.*

Cette réponse, apparemment quelque peu simpliste, est cependant profonde. Il suffit d'y réfléchir un instant pour comprendre qu'elle donne la solution au problème de l'existence du Malin.

Par conséquent, celui-ci se met à vivre

par la puissance créatrice de notre esprit et il meurt piteusement si notre cerveau ne lui accorde plus le support de sa faculté génératrice.

Remplacez dans les prières le nom de Dieu et des Saints par ceux de Satan et des Démons, et vous devenez un excellent sataniste. Le moyen est facile, à la portée de tous, mais il est d'autant plus dangereux que, lorsque le diable et ses Démons sont venus, ils ne vous lâchent pas aisément.

Ils se moquent bien des exorcismes, signes de croix et projections de sel: l'histoire des possédées de Loudun et de leur aumônier exorciste, le Père Surin, en fournit une démonstration exemplaire.

HIÉRARCHIE DIABOLIQUE

———◆———

S ATAN, le prince des Démons, est un ange
déchu. Son nom était Lucifer, ce qui signifie le porteur de lumière. Dans sa révolte
contre Dieu, il faut voir un excès d'orgueil
qui l'incita à tenter une « révolution de palais » dans le but de prendre la place du Très-
Haut. Battu, il devint le Très-Bas, maître des
Enfers.

Les anges qui l'avaient suivi dans sa ré-
bellion furent chassés du Paradis et envoyés
avec lui dans le séjour maudit,

Arrivé aux Enfers, Satan s'installa le plus
commodément possible et institua un gou-
vernement.

GOUVERNEMENT INFERNAL

Lucifer institua un régime gouvernemental bien défini dont voici la structure :

Tout d'abord il créa un triumvirat dont il se fit lui-même le premier triumvir sous le nom de *Satan*. Il nomma comme deuxième triumvir *Belzébuth* et, comme troisième, *Astaroth*. Ensuite il nomma un certain nombre de ministres :

Premier Ministre : *Lucifuge Rofocale.*

Ministre des Armées : *Satanachia.*

Ministre des Affaires Étrangères : *Agaliarept.*

Ministre des Finances : *Fleuretty.*

Ministre de l'Intérieur : *Sargatanas.*

Ministre de la Culture : *Méphistophélès.*

Maréchal de Camp : *Nébiros.*

A tous ces ministres sont attachés des sous-secrétaires d'État[1], au nombre de dix-huit :

---

1 Eu égard des différentes façons d'écrire leurs noms à travers les grimoires médiévaux, on remarquera également certaines disparités avec les dix-huit Démons figurant dans le Grand Grimoire, soit : Baël, Agares, Marbas, Pruslas, Aamon, Barbatos, Buer, Gusoyn, Botis, Bathim,

1. *Bael.*
2. *Agares.*
3. *Marbas.*
4. *Pruslas.*
5. *Mammon.*
6. *Cornedur.*
7. *Buer.*
8. *Astek* ou *Asmodée.*
9. *Botis.*
10. *Bathim.*
11. *Abigar.*
12. *Bélial.*
13. *Moloch.*
14. *Valéphar.*
15. *Foraü.*
16. *Baphomet.*
17. *Nusmiane.*
18. *Glasiabolas.*

Pursan, Eligor, Loray, Valefar, Forail, Ayperos, Nuberus, Glasyalabolas.

LE TRIUMVIRAT

En tant que premier triumvir, *Lucifer* ou *Satan*, Prince des Ténèbres, conserve un pouvoir dictatorial sur tout le Royaume d'En-Bas. Ses ordres ne souffrent pas de discussion. Après avoir réuni le Conseil Général et écouté avis et intervention des autres triumvirs ou des ministres, il prend

seul les décisions finales. Sur le plan militaire, il est généralissime. Il se rend rarement lui-même sur la terre ; pour qu'il s'y décide, il faut que le cas soit d'une extrême importance. Généralement, il y envoie un de ses subordonnés. Ceux-ci, qui sont évidemment de grands menteurs et des faussaires en tout genre se font souvent passer pour lui. C'est ainsi que dans les sabbats, bien des sorciers s'imaginent se trouver en présence du maître suprême alors qu'en réalité ils n'ont affaire qu'à de petits sous-ordres aux pouvoirs très limités.

Le deuxième triumvir, *Belzébuth*, est un grand spécialiste des cultes et religions. C'est lui qui préside à la fondation de sectes diverses, de toutes les hérésies, des cultes païens aux faux Dieux, aux mythologies, et à toutes les formes du polythéisme. En résumé, il s'oppose à Dieu sur le terrain de la religion, faussant les vérités éternelles, falsifiant les dogmes, dénaturant les rites et liturgies et provoquant les schismes. Il est l'inspirateur éternel des hérésiarques. Selon le dogmatisme médiéval, Mahomet n'était qu'une créature de Belzébuth.

Le troisième triumvir, *Astaroth*, portant

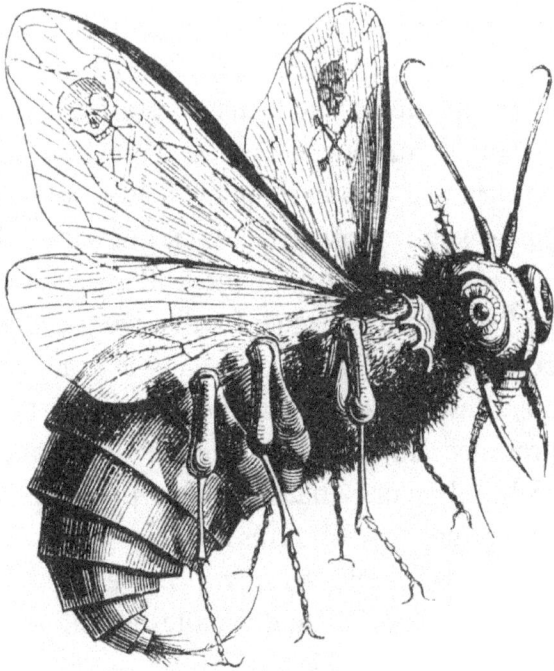

le titre de Grand-Duc, a pour fonction principale de détourner la sexualité de son but normal. Il est le grand maître des perversions et des déviations. Il est le grand corrupteur des âmes et des corps. C'est lui qui pourrit le cœur des femmes, auxquelles il s'attache particulièrement, leur insufflant les mauvaises pensées, les poussant à l'adultère, au lesbianisme, à l'inceste, à l'abandon de foyer, etc. Il sait qu'ayant perverti la femme, la moitié de sa besogne est faite. Mais il ne s'en attaque pas moins directement aux hommes. Il leur inspire, dès l'enfance, des pensées impures. Il préside à l'onanisme, à l'inceste, au sadisme sous toutes ses formes, à la bestialité, à la coprophilie, à l'homo-sexualité.

LES MINISTRES

Le premier ministre, *Lucifuge Rofocale*, a la juridiction des damnés. C'est le distributeur dès supplices et le grand maître du feu infernal. Il répartit les morts nouveaux venus dans les différents secteurs, d'après le châtiment encouru. On le nomme le Grand Commodore des Sept Péchés Capitaux, Prince de la Gourmandise, Duc de la Luxure, Marquis de l'Envie, Comte de la Paresse, Vicomte de l'Orgueil, Baron de l'Avarice et Chevalier de la colère.

C'est lui qui a instauré les châtiments particuliers à chacun de ces péchés. C'est ainsi, par exemple, qu'il ordonna de plonger les gourmands dans un lac de mucosités nasales, et les luxurieux dans une mer de sang menstruel.

Le Ministre des Armées Infernales, *Satanachia*, a reçu délégation de *Lucifer* pour diriger toute l'administration militaire infernale. Son armée, c'est celle des grandes épidémies qui ravagent périodiquement la planète. Il est le Grand Maître de la Peste Noire, de la Lèpre, du Typhus, du Choléra Morbus, de la Syphilis et de toutes les ma-

ladies vénériennes. Il provoque les épizooties qui ravagent les troupeaux. Même la
végétation n'échappe pas à sa malveillance
et il répand le mildiou, le phylloxéra et le
doryphore.

Le Ministre des Affaires Étrangères,
Agaliarept, est chargé des relations inter-
planétaires. Sa fonction consiste à répandre
le mal et à le multiplier sans cesse dans tout
l'univers, à travers toutes les galaxies. Il est
prévu qu'il provoquera des conflits entre
les habitants de diverses planètes, dès qu'ils
seront capables d'entrer en contact les uns
avec les autres. Ce Ministre travaille plus
pour l'avenir que pour le présent. D'autre
part, c'est lui qui accueille en Enfer les
grands personnages politiques et diplomatiques qui ont été damnés. Il parait que
lorsque Néron est arrivé dans le royaume
infernal, il organisa une grande fête. Ce qui
ne l'empêcha nullement, à l'issue du gala,
de précipiter l'empereur romain, à coups de
fourche, dans la chaudière la plus brûlante.
Il reçut aussi le pape Alexandre Borgia avec
beaucoup d'honneurs, et bien d'autres célé-
brités tristement renommées de l'histoire.

Le Ministre des Finances, *Fleuretty*, en

dépit de son nom printanier, est un cruel, un impitoyable. C'est lui qui inspire les huissiers, les agents du fisc, les polyvalents, les douaniers, les percepteurs, et jadis les fermiers généraux.

Il est aussi le grand maître des agents de change véreux, des chevaliers d'industrie, des prévaricateurs, des captateurs d'héritage, des pirates, des négriers, des marchands d'esclaves, des pilleurs d'épaves, des flibustiers, de tous ceux qui dépouillent la veuve et l'orphelin. Il inspire aujourd'hui les promoteurs abusifs, les spéculateurs de tout acabit, les mercantis, les rois du marché noir, les trafiquants de drogues. Les plus grandes escroqueries de tous les siècles sont l'œuvre de *Fleuretty*.

Le Ministre de l'Intérieur, *Sargatanas*, veille à l'ordre infernal. Sa police est omniprésente et ne laisse jamais rien passer. Il ignore l'indulgence et se réjouit chaque fois qu'il peut sévir, exagérant les fautes afin de pouvoir augmenter les peines.

Sur terre, c'est lui qui fomente les complots, qui inspire toutes les trahisons, l'espionnage, la délation, les menées souterraines. Il utilise à ces fins la calomnie, la médisance, les faux rapports, les mensonges en général. Il tente d'instiller dans l'âme des enfants l'hypocrisie. Il inspire les trublions et forge les révoltes. Il gouverne la tromperie, la duplicité, le parjure, la fourberie, la simulation, la tartufferie, l'impudence et ruse. Il est l'auteur de toutes les manigances.

Le Ministre de la Culture, *Méphisto*phélès, possède une réelle intelligence, mais celle-ci est totalement orientée vers le mal, le négatif et la perversité. Sous des aspects brillants, élégants, raffinés et subtils, il dissimule la dépravation, la malveillance, l'infamie, l'indignité, l'injustice, la souillure et finalement le crime. C'est peut-être le Démon le plus dangereux parce qu'il possède un côté séduisant et galant. C'est un charmeur, un enchanteur, mais malheur à qui tombe sous son charme. Qui ne connaît l'histoire de Faust et de Marguerite ? Le Docteur Faust, afin de retrouver sa jeunesse perdue, fait appel à *Méphistophélès* et signe avec lui un pacte par lequel il lui vend son âme. Faust, redevenu jeune et beau, séduit la douce Marguerite. Celle-ci succombe, mais elle finira par échapper à l'emprise diabolique tandis que son suborneur sera précipité dans les Flammes Éternelles.

Méphistophélès est l'inspirateur des philosophies brillantes, mais pernicieuses, des fausses théories scientifiques, des découvertes maléfiques comme par exemple celles qui aboutissent à l'explosion nucléaire, des théories politiques et économiques menant à l'abîme, du nazisme, du fascisme, de l'anarchie sous toutes ses formes.

Il suggère des idées creuses aux rhéteurs, aux orateurs utilisant la logomachie, aux corrupteurs de la société.

Le maréchal de camp *Nébiros* a une fonction bien particulière : il préside à toutes les maladresses, aux inepties, aux inadvertances, aux étourderies, à tout ce qui est raté et mal fait. Il est le grand maître de la bêtise.

LES SOUS-SECRÉTAIRES D'ÉTAT

Les sous-secrétaires d'État infernaux dépendent directement des ministres susnommés.

Dépendent de *Lucifuge Rofocale* :

Bael

Celui-ci est chargé spécialement par son ministre de la punition des gourmands, des orgueilleux et des colériques. Il prend souvent la forme d'une araignée afin de mieux s'emparer, à l'aide de ses huit pattes, de sa victime. Il englue les colériques dans une toile et provoque chez eux des colères infinies que rien ne vient jamais apaiser.

Il rabaisse les orgueilleux en les contraignant à des autocritiques interminables et en les vouant à la dérision des Démons de sa cohorte.

Il gave les gourmands maudits d'excréments et d'immondices variées.

C'est *Bael* qui avait été reconnu comme Dieu par les Philistins, et chacun sait qu'il ne leur amena pas la victoire dans le combat contre les Israélites. Il joua d'ailleurs des rôles importants dans tout le Moyen-Orient, notamment chez les Hittites, les Sumériens et les Chaldéens. Il a les honneurs de la Bible dans des nombreux versets car il fut le premier des antisémites.

Agares

Il est dévolu à l'envie. Éternellement il suggère la convoitise, la rage jalouse, l'avidité, la cupidité, la concupiscence. C'est lui qui instille le poison envieux dans l'âme des femmes qui s'arrêtent devant les vitrines et les étalages rutilants, menant ainsi soit à la prostitution, soit au vol. Il abolit la notion du tien et du mien, le sens de l'honnêteté.

Il provoque les trahisons et toute la

bassesse des tentations sordides. C'est un Démon particulièrement dangereux auquel il ne faut jamais faire appel.

Baphomet

Il est affecté aux péchés de la luxure, avec comme spécialité, la sodomie.

Il était le dieu des Templiers qui pratiquaient l'homosexualité. Son domicile préféré est l'anus des hommes. C'est lui qui appelle aux copulations dans le vase interdit, comme disent les théologiens.

Il dépend également du Grand-Duc *Astaroth* pour ce qui concerne la coprophilie et l'homosexualité.

Un des mystères les plus étonnants de l'architecture médiévale tient au fait qu'au sommet du portail de l'église Saint-Merri, à Paris, *Baphomet* est représenté sous la forme d'une statuette imposante.

Glasiabolas

Il est chargé par son ministre de provoquer la paresse dans le genre humain. On lui doit tous les retards de production, les malfaçons, les lenteurs administratives, les œuvres inachevées. La paresse étant mère de tous les vices, il est clair que le rôle de *Glasiabolas* est extrêmement important et étendu.

C'est lui qui étend mollement les jolies femmes sur leur canapé et les rois fainéants sur leur chariot.

Il interrompt les études, met les ouvriers en grève, retire l'inspiration aux artistes,

abrutit les ingénieurs, obnubile les créateurs
et les penseurs, paralyse les soldats à l'exer-
cice, aveulit les professeurs, les éducateurs
les politiciens, avachit les mères de famille
qui négligent ainsi leurs enfants. Son action
a des conséquences incalculables et s'étend
à tous les peuples et à tous les temps.

Valephar

Son département est l'avarice. C'est le vrai créateur du type Harpagon.

Il suggère toutes les manœuvres sordides des grigous, des ladres, des regardants, des pingres et des pince-mailles. Il est le dieu des préteurs sur gage. Ceux qui se livrent à lui deviennent insatiables, rapaces, chiches, mesquins.

A cause de lui, les avares s'en prennent plus particulièrement aux pauvres dont ils tirent les derniers sous. Il provoque une soif de l'or inextinguible, accompagnée de dureté et d'âpreté.

Il fut adoré sous la forme d'une divinité par le roi Midas. Celui-ci ayant obtenu de transformer en or tout ce qu'il touchait, mourut de faim.

Valéphar coupe un liard en quatre et serre perpétuellement les cordons des bourses. Pour lui, il n'y a pas d'économie de bout de chandelle.

Dépendent de **Satanachia** :

Pruslas

Il est chargé principalement de provoquer la famine sur la terre. Dans ce but il
utilise la sécheresse, les nuages de saute-
relles, les épizooties, etc.

Il produit également l'anorexie et l'inap-
pétence, ainsi que la boulimie. Il est le créateur du *pica*, qui est la manducation de

substances non alimentaires. Par sa faute, on voit des enfants manger des cailloux, du charbon, du savon, de la craie, du dentifrice, etc. Certaines « envies » des femmes enceintes sont inspirées par lui. Les médecins, et pour cause, se perdent en conjectures sur les raisons qui amènent ces femmes à vouloir avaler des substances aussi peu alimentaires que la cendre, le goudron, ou le charbon de bois.

Pruslas pousse également certains êtres à l'ondinisme, c'est-à-dire au désir de boire l'urine.

Nusmiane

Son ministre, grand maître de l'administration militaire en même temps que des épidémies, le charge de susciter dans les armées terrestres tant l'esprit de lâcheté que de désobéissance. Il est toujours à la base des mutineries et des rébellions contre l'autorité supérieure. Il sape la discipline qui fait la force des troupes, il désorganise les arrières et surtout l'intendance.

Il enrichit les fournisseurs aux armées par la livraison de produits de la plus basse qualité et notamment de denrées avariées qui déciment les régiments.

Il a beaucoup sévi à l'époque des expéditions coloniales.

Dépendent d'*Agaliarept*, Ministre des Affaires Étrangères :

Buer

On l'appelle le Grand Dérisoire car il ne reste jamais rien de toutes ses déclarations publiques, de ses discours fumeux, de ses grandes entreprises diplomatiques, de ses combinaisons internationales, de ses conférences au sommet.

Il était le grand inspirateur de la défunte Société des Nations qui non seulement n'enregistra aucun résultat positif mais qui encore provoqua par son impéritie la seconde guerre mondiale.

Tout ce qui est oiseux, vain, creux, insignifiant et futile le concerne. C'est le maître des sornettes, des verbiages, des niaiseries, des billevesées, des visions cornues, des mirages, des feux de paille, des fariboles, en un mot: de tout ce qui est inefficace et stérile.

Il est l'inventeur breveté de la poudre de perlimpinpin, de la petite bière et de la gnognote.

Avec lui, tout tourne en eau de boudin et il ne fait jamais que donner des coups d'épée dans l'eau. Ses solutions sont comme un cautère sur une jambe de bois.

Il est l'inspirateur de toutes les calembredaines, des alibifortins, des lantiponages et des fichaises.

Marbas

Le ministre *Agaliarept* lui confie la tâche de majordome lors des réceptions en enfer des hauts personnages damnés.

Marbas est le maître du clinquant, du faux luxe, du toc, de la boursouflure, du galimatias et finalement du grotesque.

Il est l'Ubu infernal qui accueille les

damnés de marque avec une emphase so-
lennelle qui se termine dans un éclat de rire
général, au grand dépit des personnalités
reçues, qui deviennent bientôt la risée de
leurs hôtes infernaux.

Les arrivants, enchantés par les cour-
bettes, les sourires obséquieux et les discours pédants, son bientôt bousculés,
poussés à hue et à dia, culbutés à coups de
croche-pied, malmenés, houspillés.

Finalement ils sont précipités comme le
commun des damnés dans la trappe qui ne
se rouvre jamais. C'est ainsi, notamment,
que furent reçus Torquémada, le Grand
Inquisiteur d'Espagne, et Adolph Hitler.

Dépendent de *Fleuretty*, Ministre des
Finances:

Mammon

La Bible en a fait une célébrité.

Profitant de l'absence de Moïse, monté
au sommet du Sinaï pour s'entretenir avec
Dieu, *Mammon* inspira aux Hébreux l'ado-
ration du Veau d'Or.

Cela signifie qu'au lieu de se mettre en

prière, le Peuple Élu se livra au commerce le plus abject.

Lorsque le grand prophète redescendit parmi les siens, portant encore sur le visage le reflet divin, il lui fallut combattre *Mammon* qui se croyait déjà le maître des Douze Tribus.

Mammon est le vrai fondateur de la société de consommation.

Pour lui, tout se traduit en chiffres, en bilan, en doit et avoir, en spéculations, en fonds de roulement, en investissements, en escompte, en bénéfices, en commissions, en courtages, en factures, en chèques et en intérêts.

Si la finance et le commerce ne sont vas des maux en soi, *Mammon* a l'art diabolique de le substituer à tout ce qui est noble, désintéressé et naturel. Il fait le bond du tigre sur l'idéal. Sous son influence l'intérêt prime tout. Plus de promenades sentimentales, plus de fleurs offertes à la bien-aimée, plus de simplicité, ni d'ingénuité, ni de candeur ; plus de gratuité.

Le possédé de *Mammon*, c'est cet homme d'affaires que vous voyez déjeuner à côté de son téléphone, un journal boursier appuyé à la carafe.

L'argent pourrit tout, corrompt les âmes et les cœurs. Le monde mammonien est un immense bureau de change où rien n'existe sauf les espèces sonnantes et trébuchantes.

Actuellement, *Mammon* se frotte-les mains car il est persuadé que tout le genre humain est à ses pieds... Son orgueil ne connaît plus de bornes. Comme la grenouille de la fable il se gonfle de plus en plus... jusqu'au moment où, espérons-le du moins, il éclatera.

Moloch

Moloch se présente sous la forme d'une idole qui dévore ses adorateurs.

Il mange aussi volontiers des petits enfants car il a tout de l'ogre.

Par ailleurs, il est le grand inspirateur des marquis de Carabas qui cherchent à étendre progressivement et injustement leurs domaines. C'est pourquoi il est spécialisé dans les manœuvres tortueuses pour s'emparer du bien d'autrui.

Il est le grand maître des huissiers et des accapareurs. Mais il est assez malin pour se servir toujours des moyens légaux qui lui permettent d'arriver à ses fins sans risquer la prison.

C'est lui qui tient la main des mourants pour leur faire signer des testaments injustes.

Il fait florès dans les périodes troubles : guerres ou révolutions. Il a l'art de jouer — et de gagner — sur tous les tableaux. Il parait l'ami de tout le monde, mais il n'est ami que de son coffre-fort.

Enfin et surtout, c'est lui qui protège les tuteurs abusifs qui dépouillent les malheureux orphelins livrés à leur rapacité.

Aimant le sang, il n'hésite pas à provoquer des meurtres soigneusement prémédités dont le mobile est toujours l'intérêt.

A ses yeux, un concurrent est d'abord un être à supprimer.

Du Ministre de l'Intérieur *Sargatanas* dépendent :

Botis

C'est le grand protecteur des coquins auxquels il inspire les mauvais coups, les forfaits, les guets-apens, les brigandages et les scélératesses. On trouve son ombre dans toutes les attaques à main armée.

Les faux témoins et les délateurs relèvent de sa juridiction. On le trouve toujours dans les coulisses des palais de justice et les couloirs des prisons.

Il s'entend au mieux avec les indicateurs de police et les « corbeaux ».

Il est le grand rédacteur de toutes les dénonciations par lettres ou coups de téléphone anonymes.

Astec

Il a la puissance de découvrir les secrets les plus cachés. On le connaît également sous le nom d'*Asmodée*.

Doué d'une curiosité inlassable et malsaine. Il épie l'intimité de tous les couples.

C'est le voyeur intégral, se servant de ce qu'il a vu dans un but à la fois libidineux et malveillant.

Il fait voir aux maris jaloux des adultères imaginaires, excitant ainsi la furie meurtrière et provoquant les drames passionnels.

C'est le grand maître des turpitudes, du stupre.

Il se complaît dans les atmosphères troubles et les situations scabreuses.

Il aime tout ce qui est dégoûtant, ordu-
rier, cru, graveleux, équivoque, scandaleux.
Il pousse à l'esclandre.

La boue est son élément favori.

Dépendent de *Méphistophélès*, Ministre
de la Culture :

Belial

C'est le grand maître du sacrilège et des
impiétés. Il préside à toutes les apostasies,
aux profanations, aux blasphèmes, aux re-
niements, aux simonies et aux exécrations.

Il s'empara de l'âme de l'empereur Julien
et le conduisit à restaurer le paganisme.

II inspire les profanations d'hosties,
les effractions de tabernacles, les atteintes
au caractère sacré des prêtres, les mauvais
usages de l'eau bénite, la dérision des objets
du culte.

Sous la Révolution, il prit la forme de la
Déesse Raison pour s'installer sur les autels
en lieu et place du Crucifix.

Au Moyen Age, il organisait les célèbres
fêtes des Fous. Dans les églises, on voyait
des ânes porteurs de mitre et de vêtements

liturgiques, tandis que se déroulaient des pantalonnades destinées à tourner les rites en ridicule.

Inutile de dire qu'il fut l'inspirateur du Triple reniement de Saint-Pierre au premier jour de la Passion.

Il est l'inventeur des jurons les plus blas-phématoires et des gros mots en général. Il avait beaucoup d'influence sur le bon roi Henri IV, qu'il faisait jurer comme un char-retier et fut très déconfit lorsque le confes-seur royal persuada son maître de remplacer le nom de Dieu par « bleu » ou « coton » : ventrebleu, sacrebleu, jarnicoton, etc...

Enfin il est le promoteur de la vente des indulgences et de toutes les actions simo-niaques de l'histoire ; mais sur ce point, il fut battu en brèche par Luther.

Cornedur

Il est le grand maître du mauvais goût dans tous les domaines. Tout ce qui est iné-légant et inharmonieux relève de son in-fluence.

Il défigure les paysages des plus belles régions et des plus belles villes.

Il amène partout la laideur, la difformité, la grossièreté, le grotesque, le repoussant, le malséant, le disgracieux et l'horrible.

Il protège l'art pompier mais aussi les formes les plus dégradées de l'art abstrait.

En littérature, il inspire les faux chefs-d'œuvre, le clinquant, l'emphase, la pédanterie, le style ampoulé, le pathos, les mots ronflants, le galimatias, le mélodrame et la déclamation.

C'est lui qui fait bâtir les hideux gratte-ciel qui déshonorent notre époque et rendent les hommes malheureux. Il saccage la beauté des campagnes par l'implantation de villes-champignons.

Abigar

Par la grâce de son maître, ce Démon a la puissance de soumettre à lui toutes les femmes et toutes les filles, et d'en faire ce qu'il souhaite.

Il est le grand cascadeur de la vertu féminine. Il s'attaque plus particulièrement aux jeunes vierges en qui il insuffle le désir de sacrifier leur hymen en dehors des voies du mariage.

A cet effet, il met entre leurs mains des ouvrages corrupteurs, des romans licencieux et leur montre des films polissons ou des pièces de théâtre présentant le libertinage sous les formes les plus séduisantes.

Il est également l'instigateur des viols, des outrages à la pudeur, de toutes les violence, sexuelles, car il passe facilement de la séduction la plus mielleuse à la furie des passions incontrôlées.

Il inspire le rapt et protège les ravisseurs en affaiblissant la résistance des jeunes filles.

Dépendent de *Nébiros*, Maréchal de Camp et Inspecteur Général :

Bathim

C'est ce Démon qui fait trouver la fameuse *main de gloire*.

C'est lui aussi qui a l'art de prédire l'avenir, car il est l'un des plus grands nécromanciens de tous les esprits infernaux.

Il va partout et inspecte toutes les Malices démoniaques.

Cependant, s'il a pour lui-même une science quasi parfaite de l'avenir, il s'amuse souvent à induire en erreur les cartomanciennes, les chiromanciens, les oracles, les prophètes, les géomanciens, les pythonisses, les augures et tous les devins.

Sur un autre plan, c'est lui qui inspire les fausses prévisions des économistes, des philosophes, des planificateurs, en un mot, de tous ceux qui ont pour mission d'étudier les perspectives du futur.

Foraü

C'est le générateur des cataclysmes terrestres, aériens et maritimes.

Les tremblements de terre et les éruptions volcaniques sont de son ressort. Il s'efforce toujours d'augmenter le nombre des victimes et d'atteindre spécialement les êtres qu'il redoute.

Il fait tomber la grêle et déclenche des orages épouvantables, des ouragans, des tornades, des typhons, des trombes, des tourbillons. Il cherche à tuer ses ennemis par la foudre et la fait volontiers tomber sur les maisons de ceux-ci afin d'anéantir leurs proches et leurs biens.

Sur mer, il souffle les tempêtes et les cyclones, provoquant ainsi les naufrages et les noyades. Il cause les lames de fond qui entraînent vers le large les nageurs imprudents.

Pour exécuter toutes ces mauvaises actions, il dispose d'une cohorte considérable de Démons subordonnés.

LE PACTE

L E pacte est un traité passé avec le Diable en vue d'obtenir de lui des faveurs spéciales.

Les formules diffèrent selon ce que l'on veut obtenir, comme par exemple conquérir la femme convoitée, découvrir un trésor, redevenir jeune, doubler son avoir, se débarrasser d'un être gênant, etc...

On peut passer un pacte avec tous les démons dont nous avons donné la nomenclature au cours du chapitre précédent.

Il faut savoir, cependant, que si l'on veut signer un traité avec l'un des membres du Triumvirat Infernal, composé de *Satan*, *Astaroth* et *Belzébuth*, ou avec l'un de leurs ministres, on peut s'attendre voir apparaître l'un des sous-secrétaires mentionnés au cours du chapitre précédent.

Il est bien évident que ces grands personnages ne se dérangent pas pour des vétilles.

Il n'en est pas moins de tradition de faire appel directement à eux car ils choisissent selon leur volonté et en raison des circonstances, le Démon qui apparaîtra et fera signer le pacte.

FORMULE DU
GRAND GRIMOIRE

Le *Grand Grimoire* nous donne la formule suivante pour évoquer le Prince des Ténèbres, Satan lui-même, ex-Lucifer :

« Empereur LUCIFER, Prince et Maître des Esprits Rebelles, je te prie de quitter ta demeure pour venir jusqu'à moi. Je te conjure de m'apparaître sans faire aucune mauvaise odeur, pour me répondre à haute et intelligible voix sur ce que je te demanderai. »

Cette formule nous parait émaner de la plus basse magie.

Elle est au premier chef insolente et comminatoire. Il semble plus qu'improbable qu'à un tel appel Satan ne réponde que par le silence, le mépris.

Premièrement, Lucifer ayant abandonné son nom d'ange, il est malaisant de lui rappeler son état antérieur et de ne pas lui accorder le nom qu'il s'est donné à lui-même : Satan.

Deuxièmement, le prier de quitter « sa demeure » est un non-sens puisque son esprit plane sur tout le royaume infernal et qu'il n'a que faire d'un domicile quelconque.

Troisièmement, il est insultant de le conjurer de ne faire aucune mauvaise odeur. Cette idée démontre que la formule du Grand Grimoire n'était destinée qu'à des sorciers campagnards. En effet, pour ceux-ci, le Diable envoyait généralement un démon inférieur qui prenait l'aspect d'un bouc malodorant. On sait d'ailleurs qu'au cours des sabbats paysans les participants devaient baiser l'arrière-train de cet animal.

En réalité, si l'on veut faire appel au Maître des Enfers, il importe d'abord de concentrer son esprit dans une longue méditation, laquelle doit devenir par elle-même, progressivement, comme une grande aspiration à la présence diabolique.

Lorsque finalement cette présence est éprouvée par un sixième sens, par l'intuition qui ne trompe pas, on peut alors élever la voix en s'écriant :

« A moi, Satan ! A moi ! A moi ! »

❖

Une formule d'évocation beaucoup moins grossière se trouve dans la *Clavicule de Salomon* :

« Empereur Lucifer, Maître de tous les Esprits Rebelles, je te prie de m'être favorable dans l'appellation que je fais à ton Grand Ministre Lucifuge Rofocale, ayant désir de faire pacte avec lui.

Je te prie aussi, ô Prince Belzébuth, de me protéger dans mon entreprise.

O grand-duc Astaroth, sois-moi propice et fais que dans cette nuit le Grand Lucifuge m'apparaisse sous une forme humaine, sans aucune mauvaise odeur, et qu'il m'accorde, par le moyen du pacte que je vais lui présenter, tout ce que je désire.

O Grand Lucifuge, je te prie de quitter ma demeure pour venir me parler. Parais au plus tôt par la force de ces puissantes paroles : *Agion télégam stimilamaton rétrogramation espinac brasim étéop irion orioram. Te adora et invoco.* »

Cette formule est convenable dans la mesure où elle s'adresse d'abord aux trois membres du Triumvirat Infernal.

Autorisation leur est demandée de faire appel à un démon particulier, en l'occurrence Lucifuge Rofocale.

Il faut toutefois remarquer que, de nouveau, il est fait mention de mauvaise odeur. Il s'agit ici du soufre.

C'est qu'en effet, le Démon étant réputé jaillir de la terre, entouré de flammes et de fumée, une association d'idées a été faite entre cette apparition et les émanations des solfatares volcaniques.

D'autre part, c'est préjuger de la langue infernale que d'utiliser un mélange d'hébreu, de grec, de sabir et de latin pour la formule finale.

♣

FORMULE AUTHENTIQUE DE
L'ÉVOCATION SATANIQUE

Voici la formule utilisée par la majorité des grandes sectes sataniques :

« Divin SATAN, Maître des Esprits Libres Grand Souverain du Refus, c'est un homme libre qui fait appel à toi, afin que tu daignes autoriser ton Suppôt N.N. à lui apparaître en vue de signer un pacte dans le but que tu sais déjà.

Prince BELZÉBUTH, daigne m'appuyer auprès de Satan, notre maître à tous, pour qu'il agrée ma demande.

Grand-Duc ASTAROTH, sois-moi propice et daigne t'associer au Prince BELZÉBUTH dans son intercession en ma faveur, auprès du Grand SATAN. »

Cet appel, qui est en même temps un hommage aux trois principaux Démons est alors suivi de l'évocation du Démon particulier à qui l'on désire recourir pour obtenir une faveur relevant de son domaine.

Par exemple, s'il s'agit d'une question d'argent, Mammon est tout indiqué.

L'évocation doit être faite de préférence dans un lieu écarté, une chambre bien iso-lée, un cabinet de travail solitaire un vieux château ruiné placé au sommet d'une mon-tagne, un carrefour de chemins forestiers, un crypte, une grotte, une caverne, une cime, ou au contraire le fond d'un vallon désert, une clairière, un désert rocailleux ou sablonneux, un souterrain, des catacombes, une église désaffectée, un cimetière.

Elle aura lieu entre minuit et deux heures du matin, par une nuit sans lune.

ÉVOCATION DU DÉMON APPROPRIÉ

LUCIFUGE ROFOCALE.

On s'adressa à ce Grand Démon, Premier Ministre Infernal, lorsqu'on veut satisfaire ses vices sans limite. En effet, il ne faut pas oublier qu'il est le Grand Commodore des Sept Péchés Capitaux.

Formule évocatoire :

O Grand **Lucifuge Rofocale,** *daigne m'apparaître, puisque les trois Grands Maîtres de l'Enfer ne s'y opposent point !*

Je veux signer avec toi un pacte afin d'obtenir par ta puissance mon vœu particulier.

Pour la Gourmandise :

Puisque tu es le Grand Commodore des Sept Péchés Capitaux, je voudrais pouvoir me livrer à tous les délices de la gourmandise.

Je désirerais voir apparaître sur ma table les nourritures les plus exquises, les plus rares, assaisonnées des épices les plus savoureuses.

Je consacrerais les vingt années que tu m'accordes avant ma damnation à la satisfaction de mon sens gustatif.

Quant à toi, tu me fourniras les sommes nécessaires à la confection de mes repas et à l'achat des boissons capiteuses qui les accompagnent.

Pour la Luxure :

Puisque tu es le Grand Commodore des Sept Péchés Capitaux, et Duc de la Luxure, je voudrais pouvoir me livrer entièrement à tous les délices de la chair.

Je désirerais voir entrer dans ma couche les créatures les plus lascives et les plus séduisantes, m'adonner avec elles à toutes les caresses, surtout les plus prohibées par les théologiens.

Je consacrerais les vingt années que tu m'accordes avant ma damnation à la satisfaction de ma lubricité la plus basse.

Quant à toi, tu me fourniras les partenaires ou les moyens de les acheter.

Pour l'Envie :

Puisque tu es le Grand Commodore des sept Péchés capitaux, je voudrais pouvoir satisfaire toutes mes envies.

Je voudrais pouvoir déposséder ceux que j'envie, et plus spécialement telle ou telle personne.

Que leurs biens m'appartiennent !

Que leur luxe me revienne !

Et que je jouisse du spectacle de leur ruine, de leur humiliation, de leur malheur.

Je consacrerais les vingt années que tu m'accordes avant ma damnation à la satisfaction de mon péché.

Quant à toi, tu me fourniras les moyens de mener à bien mes entreprises et tu m'aideras à rabaisser celui ou ceux que j'envie.

Pour la Paresse :

Puisque tu es le Grand Commodore des Sept Péchés Capitaux et Comte de la Paresse, je voudrais pouvoir m'abandonner totalement à l'oisiveté.

Je désirerais regarder les autres travailler sans jamais rien faire moi-même, passer mon temps dans le farniente et fainéanter du matin au soir et du soir au matin.

Je consacrerais les vingt années que tu m'accordes avant ma damnation à tous les plaisirs de la paresse.

Quant à toi, tu me fourniras les moyens de vivre dans la mollesse, l'inaction et le désœuvrement.

Pour l'Orgueil :

Puisque tu es le Grand Commodore des Sept Péchés Capitaux, et Vicomte de l'Orgueil, je voudrais pouvoir m'enivrer de toutes les fumées de la vanité.

A moi les lauriers d'Alcibiade !

Je désirerais être admiré, adulé, respecté, encensé, magnifié. Mon vœu est d'éblouir, de dominer et d'avoir toute latitude de me montrer arrogant.

Je consacrerais les vingt années que tu m'accordes avant ma damnation à la satisfaction de ce péché capital.

Quant à toi, tu me fourniras les moyens de me livrer sans limite à la jouissance de la supériorité sur autrui et de la gloire imméritée.

Pour l'Avarice :

Puisque tu es le Grand Commodore des Sept Péchés Capitaux, et Baron de l'Avarice, je voudrais pouvoir satisfaire mon avarice et ma cupidité.

Je désirerais entasser des sacs d'or, des bijoux, et d'autres bien terrestres.

Je consacrerais les vingt années que tu m'accordes avant ma damnation à la rapacité, à l'usure, à la lésinerie, à la parcimonie, à la mesquinerie, à la sordidité, en un mot à l'amour du métal jaune. Je ne donnerais rien à personne et vivrai chichement dans l'avidité et l'âpreté, n'ayant d'autre joie que de compter et de recompter mes trésors.

Quant à toi, tu me fourniras les moyens et la méthode pour grappiller, amasser, dépouiller autrui à mon profit exclusif et dépenser le moins possible.

Pour la Colère :

Puisque tu es le Grand Commodore des Sept Péchés Capitaux et Chevalier de la colère, je voudrais pouvoir me livrer sans frein à tous les mouvements de mon irascibilité.

Je désirerais développer librement mon agressivité, ma mauvaise humeur, ma hargne, mon agressivité, donner libre cours à mes explosions de colère, à mes blasphèmes.

Je consacrerais les vingt années que tu n'accordes avant ma damnation à la rage et au courroux.

Quant à toi, tu me fourniras toutes les possibilités d'assouvir et de manifester mon péché capital.

SATANACHIA.

On s'adresse à ce Grand Démon, Ministre des Armées Infernales, lorsque l'on désire se venger d'une ou de plusieurs personnes par le moyen de la maladie, soit que celle-ci s'attaque directement aux personnes visées, soit qu'elle ravage leurs troupeaux ou leurs cultures.

Formule évocatoire :

O *Grand* **SATANACHIA**, *daigne m'apparaître puisque les trois Grands Maîtres de l'Enfer ne s'y opposent pas !*

Je veux signer avec toi un pacte afin d'obtenir par ta puissance l'exaucement de mon vœu particulier.

Je désirerais que tu frappes l'humain nommé N.N. ou sa famille, ou les animaux qui lui appartiennent, et qui constituent sa fortune, d'une maladie épouvantable et incurable.

Que la végétation recouvrant ses terres, céréales, arbres fruitiers, herbage soient attaqués et détruits par des nuées d'insectes nuisibles.

En échange, dans vingt années à dater de ce jour, tu seras le maître de mon âme et de mon corps.

AGALIAREPT.

On s'adresse à ce Grand Démon, Ministre des Affaires Étrangères de *Satan*, lorsque l'on désire pervertir et souiller le cœur et le corps d'un être. Aussi, lorsqu'on désire se détourner sexuellement d'autrui pour se consacrer exclusivement à l'onanisme.

Formule évocatoire :

O *Grand* AGALIAREPT, *daigne m'apparaître puisque les trois Grands Maîtres de l'Enfer ne s'y opposent point !*

Je veux signer un pacte avec toi afin d'obtenir par ta puissance l'accomplissement de mon vœu particulier.

Premier cas :

Je désire que tu pervertisses l'âme et le corps de l'être humain N.N. Insuffle-lui de mauvaises pensées et pousse-le irrésistiblement aux actes infâmes dont je profiterai au premier chef.

Toi qui protèges l'adultère, l'inceste et les déviations de la sexualité, étends ta protec-

tion sur moi et induis la personne en question dans le mal qui fera mon bonheur.

En échange, dans vingt années à dater de ce jour, tu seras le Maître absolu de mon âme et de mon corps.

Et je te suivrai dans les abîmes éternels...

Deuxième cas :

Je désire que tu favorises mon intention de me détourner de tous les plaisirs partagés de la chair, pour me consacrer dorénavant exclusivement à la volupté solitaire.

Je veux pouvoir abuser de mon propre corps plusieurs fois par jour, et sans conséquences fâcheuses, pour en extraire le maximum d'ivresse.

Accorde-moi de n'être jamais lassé ni blasé de moi-même.

Si tu remplis mon souhait, dans vingt années, à dater d'aujourd'hui, mon corps et mon âme t'appartiendront pour toute l'éternité.

FLEURETTY.

On s'adresse à ce Grand Démon, Ministre des Finances du Triumvirat Infernal, pour réussir des opérations immobilières douteuses, des spéculations malhonnêtes, des trafics de drogues et n'importe quelle escroquerie d'envergure.

Fleuretty est un démon cruel, excessivement méchant, sans pitié, c'est pourquoi il faut s'adresser à lui avec beaucoup de circonspection et de prudence.

Toute flatterie à son égard est parfaitement inutile, voire même contraire aux intérêts de l'appelant ou de l'appelante.

Formule évocatoire :

O *Redoutable* **FLEURETTY**, *daigne m'apparaître puisque les trois Grands Maîtres de l'Enfer ne s'y opposent point !*

Je veux signer un pacte avec toi afin d'obtenir par ta puissance l'accomplissement de mon vœu particulier.

(A ce moment il faut expliquer brièvement, mais clairement, la canaillerie où le trafic que l'on médite et pour lesquels on sollicite l'intervention d'En-Bas.)

Si tu m'accordes ce que je veux, dans vingt années, tu seras le maître absolu de mon corps et de mon âme, et cela pour l'éternité.

SARGATANAS.

On s'adresse à ce Grand Démon, Ministre de l'Intérieur des Enfers, pour réussir des complots politiques, une conspiration, une trahison, un coup d'État, pour lui demander protection quand on est un espion ou un délateur et qu'on se livre à toutes sortes de manigances révolutionnaires.

Formule évocatoire :

Très Grand **SARGATANAS,** *daigne m'apparaître puisque les trois Grands Maîtres de l'Enfer ne s'y opposent point !*

Je veux signer un pacte avec toi afin d'obtenir par ta puissance l'accomplissement de mon vœu particulier.

(A ce moment, il faut expliquer brièvement, mais clairement, l'action subversive, la trahison ou la manigance que l'on prémédite et pour lesquelles on sollicite l'intervention d'En-Bas.)

Si tu m'accordes ce que je veux, dans vingt années, à dater de ce jour, mon corps et mon âme t'appartiendront pour l'éternité.

MÉPHISTOPHÉLÈS.

On s'adresse à ce Grand Démon, Ministre de la Culture de l'Enfer, lorsque l'on veut fonder une hérésie, établir des règles philosophiques pernicieuses, faire des découvertes maléfiques, lancer des mouvements politiques sanguinaires ou promouvoir l'anarchie ; lorsqu'on demande de l'inspiration pour rédiger des ouvrages licencieux, des romans corrupteurs, des œuvres d'art sans profondeur mais brillantes.

On s'adresse également à lui pour obtenir nouvelle jeunesse.

Méphistophélès, contrairement à *Fleuretty*, est assez sensible à la flatterie, à la flagornerie ; cependant il est inutile de faire appel à lui si l'on ne possède pas une solide culture intellectuelle, un bagage philosophique ou artistique. Il a un mépris souverain pour les primaires, les humbles, les niais, les naïfs et les imbéciles.

NÉBIROS.

On s'adresse à ce Maréchal de Camp Infernal lorsqu'on veut faire commettre à autrui une maladresse, une bourde, un impair, un pas de clerc, une étourderie, une faute professionnelle, pour faire échouer toute œuvre importante et de longue haleine, tout travail utile entrepris.

Formule évocatoire :

O *Grand* **NÉBIROS**, *daigne m'apparaître puisque les Trois Grands Maîtres de l'Enfer ne s'y opposent point !*

Je veux signer un pacte avec toi afin d'obtenir par ta puissance l'accomplissement de mon vœu particulier.

(A ce moment, il faut expliquer brièvement, mais clairement, la méchanceté pour laquelle on sollicite son intervention.)

Si tu m'accordes ce que je veux, dans vingt années révolues, mon corps et mon âme t'appartiendront pour l'éternité.

BAEL.

On s'adresse à ce personnage considérable qui fut un dieu pour les Sumériens et les Chaldéens, lorsqu'on veut tirer vengeance d'une personne d'un rang élevé.

Il ne faut jamais le déranger pour de minces affaires.

Il est très efficace contre les grands de ce monde auxquels il envoie volontiers des malheurs imprévus, des coups du sort.

Bael étant très agressif, foncièrement mauvais et vindicatif, il faut s'adresser à lui avec beaucoup de ménagements et d'humilité. Ne pas hésiter, le cas échéant, à s'agenouiller devant lui et même à se mettre à plat ventre. Ne jamais le regarder dans les yeux.

Il sera bon de brûler de la myrrhe pour l'encenser car il a été habitué à ce rite par ses adorateurs fanatiques d'autrefois.

Formule évocatoire :

O *Grand* **BAEL**, *daigne me faire l'honneur d'apparaître, puisque les Trois Grands Maîtres de l'Enfer ne s'y opposent point.*

N'oublie pas que je te voue un culte à l'instar de tes fidèles Babyloniens, Philistins et Chaldéens.

Je veux signer un pacte avec Ta Grandeur et Ta Majesté afin d'obtenir par ta puissance l'accomplissement de mon vœu particulier.

(A ce moment, il faut expliquer succinctement mais clairement quelle vengeance on désire tirer d'une personne d'un rang élevé.)

Si tu m'accordes ce que je veux, dans vingt années révolues, tu seras le maître absolu, et pour l'éternité, de mon âme et de mon corps.

AGARES.

Ce Démon de l'Envie est épouvantablement dangereux et intraitable.

Il ne faut jamais faire appel à lui. Prononcer son nom est déjà un mot de trop.

BAPHOMET.

On s'adresse à ce Démon lorsqu'on est sodomite et que l'on désire exercer son homosexualité sur une grande échelle. Il protège particulièrement les pervers coprophiles et tous les déviés pour qui l'orifice anal remplace le vase normal. Il est réputé guérir les hémorroïdes et les fistules.

Baphomet est un Démon d'apparence accueillante. Comme il est spécifiquement efféminé, il aime qu'on lui parle avec toutes sortes de minauderies, d'afféteries et d'affections.

L'appelant devra se maquiller, porter une perruque, se couvrir de bijoux et se vernir les ongles.

Formule évocatoire :

O *Grand, Délicieux, Séduisant* **BAPHOMET,** *daigne m'apparaître, puisque les Trois Grands Maîtres de l'Enfer ne s'y opposent pas.*

Je veux signer un pacte avec toi afin d'obtenir par ta grâce puissante l'accomplissement de mon vœu particulier.

(A ce moment, il faut expliquer brièvement, mais clairement, le motif sexuel pour lequel on sollicite son intervention.)

Si tu m'accordes ce que je veux, dans vingt années révolues, mon corps et mon âme t'appartiendront pour l'éternité.

GLASIABOLAS.

On s'adresse à ce Démon de la paresse, soit pour lui demander de pouvoir vivre sans travailler ou en travaillant le moins possible, soit pour rendre paresseux un être dont l'activité vous dérange ou vous est préjudiciable.

Glasiabolas n'en est pas pour autant un Démon paresseux et il n'aime pas d'être dérangé trop longtemps. Avec lui, il faut être bref et éviter tout détail oiseux.

Généralement il répond à l'invocation par oui ou par non, sans plus. Inutile d'insister si sa réponse est négative.

Formule évocatoire :

G LASIABOLAS, *apparais-moi. Le triumvirat infernal ne s'y oppose pas.*

Je veux signer un pacte avec toi pour...

(Indiquer brièvement le motif.)

Dans vingt ans, mon âme et mon corps t'appartiendront à jamais.

VALÉPHAR.

On s'adresse à ce Démon pour arrondir sa fortune et demander sa protection dans toutes les opérations sordides, mesquines, rapaces.

Il étend sa protection sur les trésors entassés, les cassettes des Harpagon, les bas de laine des paysans.

Il se montre généralement d'une grande bienveillance à l'égard des usuriers les plus âpres.

Il ne faut jamais lui parler que d'argent, sinon il s'impatiente et s'irrite.

Formule évocatoire :

O *Grand Vautour* **VALÉPHAR**, *à la rapacité inégalable, daigne m'apparaître puisque les trois Grands Maîtres de l'Enfer ne s'y opposent point.*

(Spécifier lequel.)

Je fais le serment de me montrer de plus en plus avare, chiche, ladre.

Pour moi il n'y aura jamais d'économie de bout de chandelle et je serrerai toujours davantage les cordons de ta bourse afin d'entasser l'or dont le parfum te réjouit.

Si tu m'accordes ce que je veux, dans vingt années révolues, mon corps et mon âme t'appartiendront pour l'éternité.

PRUSLAS.

Ce Grand Démon n'est généralement pas évoqué par les simples particuliers. Il ne l'est que par les conquérants, les chefs d'État, les monarques, les militaires de haut grade, les grands capitaines d'industrie.

Ils recourent à lui afin que la disette ou la pénurie de matières premières s'abattent sur les pays avec lesquels ils sont à l'état de guerre froide ou ouverte, étant donné qu'une nation réduite à la famine est plus qu'à moitié vaincue.

Formule évocatoire:

O *Grand Démon* **PRUSLAS***, moi, N.N., le (Roi de..., ou le Président de.., ou le Généralissime, ou le Dictateur), je te prie de me faire l'honneur de m'apparaître pour une affaire particulière dont j'ai à t'entretenir.*

(Exposition de ladite affaire.)

Je veux signer un pacte avec toi afin d'obtenir de nos puissances conjuguées la réalisation de mon vœu.

Si tu m'accordes ce que je désire, dans vingt années révolues, mon corps et mon âme t'appartiendront pour l'éternité.

NUSMIANE.

On s'adresse à lui lorsqu'on est militaire et qu'on veut se venger d'un supérieur hiérarchique, lorsqu'on est fournisseur aux armées et que l'on veut réussir des malversations et des falsifications.

Les exploiteurs colonialistes sont particulièrement protégés par ce Démon.

Comme il a un grand sens de sa supériorité, il faut s'adresser à lui avec déférence, niais en même temps il est bon de le traiter un peu en complice, car il aime à être de connivence avec toutes les rébellions, les désobéissances et les lâchetés.

Formule évocatoire :

O *Grand* NUSMIANE, *daigne me faire l'honneur d'apparaître, puisque les Trois Grands Maîtres de l'Enfer ne s'y opposent point.*

Je veux signer un pacte avec toi, afin que par ta puissance incontestée, tu m'aides à accomplir un méfait qui ne pourra que te réjouir.

(Indiquer ici lequel assez longuement, *Nusmiane* appréciant les exposés développés, les détails croustillants, les descriptions chargées, les commentaires bien noirs, bien méchants, bien malveillants.)

Si tu m'accordes ce que je veux, dans vingt années révolues, mon corps et mon âme t'appartiendront pour l'éternité ainsi que je m'y engage par le pacte signé de mon sang.

BUER.

Ce Démon dénommé le Grand Dérisoire est spécialement indiqué pour les
diplomates, les phraseurs, les bavards qui
noient la pensée sous les mots, les verbeux,
les prolixes, les péroreurs, les palabreurs,
les politiciens en mal d'élection, les pro-
metteurs de beaux jours, les illusionnistes,
les bonimenteurs, les camelots, les avocats
à la langue trop bien pendue, les bâtisseurs
de châteaux en Espagne, les utopistes, les
chimériques, les bateleurs, les cabotins, les
discoureurs, les rhéteurs spécieux.

Ils s'adresseront à lui sans craindre les
phrases ampoulées, les expressions dithy-
rambiques et les déclarations emphatiques.

Formule évocatoire :

O *Majestueux* BUER, *Incomparable Diplo-
mate et auteur des plus belles combinaisons internationales, toi qui inspiras la défunte Société des Nations, puis l'O.N.U., toi
qui inventas l'art de parler pour ne rien dire,
toi qui sais si bien noyer le poisson, et donner des réponses évasives, dilatoires, retorses,*

daigne m'apparaître puisque les trois Grands Maîtres de l'Enfer ne s'y opposent point.

Je veux signer un pacte avec toi afin d'obtenir par ta puissance tutélaire toutes ces qualités et cet art subtil qui me permettront d'accomplir mon vœu particulier.

(Spécifier lequel.)

Si tu m'accordes ce que je veux, et exceptionnellement en ma faveur d'une façon claire et nette, dans vingt années révolues, mon corps et mon âme t'appartiendront pour l'éternité.

MARBAS.

On s'adresse à ce Démon lorsqu'on veut donner des illusions à autrui ainsi que de fausses espérances, jeter de la poudre aux yeux, user de faux semblants, tromper son monde sur la qualité, faire prendre des vessies pour des lanternes.

Il est le Démon protecteur des faux-monnayeurs, des contrefacteurs des plagiaires, des imitateurs serviles, des faussaires en tableaux et des fraudeurs en tout genre. Les catalographes marrons le vénèrent.

Il est aussi l'ami des tricheurs.

C'est un Démon d'une malice prodigieuse, maître dans doutes les astuces et toutes les ruses.

L'évocateur devra donc s'en méfier tout particulièrement, surtout s'il se montre affable et bénin.

Il lui arrive souvent de faire insérer dans le pacte des clauses apparemment anodines et qui, en fait, raccourcissent le délai de damnation de plusieurs années.

Il s'agira donc de se montrer d'une extrême prudence avec cette majestueuse fripouille.

Au reste, *Marbas* se révèle beau joueur quand on a éventé ses pièges et artifices, et il n'insiste plus.

Formule évocatoire :

O Grand **MARBAS**, *Maître des Tricheurs, daigne m'apparaître, puisque les Trois Grands Maîtres de l'Enfer ne s'y opposent pas.*

Je veux signer un pacte avec toi afin d'obtenir par ta ruse et ta dextérité l'accomplissement de mon vœu particulier.

(Préciser lequel.)

Si tu m'accordes ce que je veux, dans vingt années révolues, mon corps et mon âme t'appartiendront pour l'éternité.

MAMMON.

On s'adresse à *Mammon* lorsqu'on veut gagner de l'argent rapidement et sans aucune considération pour autrui, lorsqu'on veut être aidé des opérations financières, commerciales ou industrielles, lorsqu'on désire consacrer toute sa vie à l'Argent, au Lucre, aux Richesses.

Grâce à *Mammon*, il est facile de corrompre les âmes et les cœurs, de combattre la vertu, de soudoyer les femmes et les hommes, de renverser tout idéal.

C'est un des Démons les plus puissants.

Il faut prévenir l'évocateur que son aspect est terrifiant.

Impossible de ne pas trembler lorsqu'il apparaît et lorsqu'il vous regarde de ses yeux à la fois reptiliens et flamboyants. Son visage est fermé, ses lèvres d'une minceur extraordinaire, ses dents aiguisées, son nez camard. Sa langue est bifide comme celle de la vipère, mais elle est beaucoup plus longue.

Il porte une tiare d'or et ses mains sont couvertes de bijoux étincelants. Son cou est entouré de colliers de diamants. Le lobe de ses oreilles s'orne de pendeloques de platine et de brillants. Il est enveloppé d'un manteau de brocart.

Formule évocatoire :

O *Puissant* **MAMMON,** *Grand Corrupteur Universel, daigne m'apparaître dans toute ta Splendeur rutilante, puisque les Trois Grands Maîtres de l'Enfer ne s'y opposent point.*

Je veux signer un pacte avec toi afin d'obtenir par ta force irrésistible l'accomplissement de mon vœu particulier.

(A ce moment, il faut expliquer clairement et si possible avec des chiffres le motif qui justifie l'évocation.)

Si tu m'accordes ce que je veux, dans vingt années révolues, mon corps et mon âme t'appartiendront pour l'éternité.

MOLOCH.

On s'adresse à *Moloch* lorsque l'on veut accaparer les biens des autres et abuser ignoblement des charges qui vous ont été confiées. *Moloch* sera donc le protecteur tout indiqué des tuteurs cherchant à dépouiller la veuve et l'orphelin, des captateurs d'héritage, des avocats marrons, des juges prévaricateurs, des caissiers qui lèvent le pied et des notaires véreux.

Il faut savoir néanmoins que ce Démon est des plus dangereux car il dévore volontiers les humains qui en appellent à lui.

Il sera prudent de limiter l'entretien avec lui au temps strictement nécessaire pour la signature du Pacte.

Il a tout à fait l'aspect de l'ogre de la légende.

Formule évocatoire :

O *Grand* **MOLOCH**, *daigne apparaître, puisque les Trois Grands Maîtres de l'Enfer ne s'y opposent pas.*

Je veux signer un Pacte avec toi afin d'obtenir par ta férocité l'accomplissement de mon vœu particulier.

(A ce moment il faut expliquer en peu de mots la raison qui a justifié l'évocation ; ne pas approcher trop près).

Si tu m'accordes ce que je veux, dans vingt années révolues, mon corps et mon âme t'appartiendront pour l'éternité.

BOTIS.

Botis est le maître désigné des bandits de grand chemin, des gens de sac et de corde, des filous, des escarpes, des forbans, des sicaires et des assassins.

C'est un Démon d'une extrême vulgarité, s'exprimant volontiers dans l'argot le plus crapuleux et faisant preuve d'un cynisme inconcevable.

Lorsqu'il paraît, il se montre généralement très amical et même familier avec les malfaiteurs et les scélérats de tout poil.

Si l'appelant n'est qu'un néophyte dans le crime, il le traitera de haut.

Il n'en sera pas moins désireux de signer le Pacte car toute déchéance morale est pour lui une victoire.

Formule évocatoire :

O*Malfaisant* **BOTIS**, *Puissant Protecteur des Criminels, daigne apparaître, puisque les Trois Grands Maîtres de l'Enfer ne s'y opposent pas.*

Je veux signer un Pacte avec toi afin d'obtenir par ta malfaisance souveraine l'accomplissement de mon vœu particulier.

(A ce moment, exprimer en termes cyniques le motif de l'évocation.)

Si tu m'accordes ce que je veux, dans vingt années révolues, mon âme et mon corps t'appartiendront pour l'éternité.

ASTEC *ou* ASMODÉE.

On s'adresse à ce Démon bien connu pour savoir ce qui se passe chez autrui, pour connaître des secrets d'alcôve, les drames de famille cachés, les maladies inavouables, en un mot toutes les turpitudes dont on peut se servir pour éclabousser ses ennemis ou les faire chanter.

Les démonologues le décrivent comme un être d'une certaine beauté, très séduisant, mais insidieux, d'une indiscrétion inlassable, toujours aux aguets.

Les questions qu'il pose ont toujours l'air anodines. Il adore provoquer des drames passionnels et patauger dans la boue des stupres cachés et des scandales.

Formule évocatoire :

O troublant **ASMODÉE**, *toi qui soulèves le toit des maisons pour surprendre ce qui s'y passe, daigne apparaître, puisque les Trois Grands Maîtres de l'Enfer ne s'y opposent point.*

Je veux signer un Pacte avec toi afin d'obtenir par ta Curiosité universelle et ta connaissance des secrets les plus cachés l'accomplissement de mon vœu particulier.

(Indiquer ici le motif de l'évocation.)

Si tu m'accordes ce que je veux, dans vingt années révolues, mon âme et mon corps t'appartiendront pour l'éternité.

BÉLIAL.

On s'adresse au Démon *Bélial* lorsqu'on veut nuire à un prêtre, qu'il soit simple curé de campagne, ou archevêque, à un pasteur, à un rabbin, à un pape ou à un bonze.

On fait également appel à lui pour nuire à la religion en général, dans ses principes, dans ses dogmes et clans ses rites.

Il protège ceux qui veulent commettre des profanations, des atteintes au caractère sacré et tourner le culte en dérision.

Il est l'ami des apostats et des renégats.

Formule évocatoire :

O BÉLIAL, *Grand Maître du Blasphème et du Sacrilège, daigne m'apparaître, puisque les Trois Grands Maîtres de l'Enfer ne s'y opposent pas.*

Je veux signer un Pacte avec toi afin d'obtenir par ta Haine de toute foi, l'accomplissement de mon vœu particulier.

(Indiquer ici le motif de l'évocation.)

Si tu m'accordes ce que je veux, dans vingt années révolues, mon corps et mon âme t'appartiendront pour l'éternité.

CORNEDUR.

On s'adresse à lui lorsque l'on veut enlaidir, défigurer, polluer, abaisser, salir, aveulir, dégrader.

Il protège les promoteurs, les mauvais architectes et les mauvais décorateurs, les peintres sans talent, les écrivassiers, les gribouilleurs, les compilateurs, etc.

Il est l'ami des chanteurs sans voix et apprécie les chansons les plus stupides et les plus plates.

Formule évocatoire :

O **CORNEDUR,** *Grand Maître de la Platitude, daigne m'apparaître, puisque les Trois Grands Maîtres de l'Enfer ne s'y opposent pas.*

Je veux signer un Pacte avec toi afin d'obtenir de ta puissance l'accomplissement de mon vœu particulier.

(A ce moment, on doit expliquer brièvement le motif de l'évocation).

Si tu m'accordes ce que je veux, dans vingt années révolues, mon corps et mon âme t'appartiendront pour l'éternité.

ABIGAR.

On s'adresse à ce Démon quand on veut séduire une jeune fille innocente, la débaucher, la corrompre, la pervertir; quand on veut détourner une femme mariée de ses devoirs, abuser de la confiance d'une pucelle, l'enjôler, l'affriander; quand on veut commettre un viol, un rapt, un outrage à la pudeur.

Formule évocatoire :

O ABIGAR, *Grand Maître de la Perfidie et du Viol, daigne m'apparaître, puisque les Trois Grands Maîtres de l'Enfer ne s'y opposent pas.*

Je veux signer un Pacte avec toi, afin d'obtenir de ta fourberie éprouvée l'accomplissement de mon vœu particulier.

(A cet instant, l'appelant doit expliquer brièvement, mais clairement, le motif de son évocation.)

Si tu m'accordes ce que je veux, dans vingt années révolues, mon corps et mon âme t'appartiendront pour l'éternité.

BATHIM.

On s'adresse à lui lorsqu'on veut connaître l'avenir, mais aussi lorsqu'on veut induire en erreur ceux qui font profession de le prédire, et ceux qui ont pour mission scientifique d'étudier les perspectives du futur.

Ce petit Démon est très pernicieux: le plus souvent, lorsqu'il vous répond par une révélation concernant votre avenir, il vous rapporte un événement malheureux. C'est ainsi qu'il se plaît à vous indiquer avec exactitude le jour de votre mort ou plus simplement la date d'un accident grave, d'une maladie incurable.

A voir votre figure décomposée, il se réjouit vilainement en se frottant les mains.

Inutile d'ajouter que si on le dérange pour connaître le numéro du gros lot ou la composition gagnante du tiercé, il répondra par un mensonge.

Formule évocatoire:

O Bathim, *Toi qui connais les secrets de l'Avenir, et sais où trouver la fameuse*

Main de Gloire, daigne m'apparaître, puisque les Trois Grands Maîtres de l'Enfer ne s'y opposent pas.

Je veux signer avec toi un Pacte d'alliance, afin d'obtenir de ta faculté divinatoire, l'accomplissement de mon vœu particulier.

(A ce moment, l'appelant doit expliquer brièvement le motif de son évocation.)

Si tu m'accordes ce que je veux, dans vingt années révolues, mon corps et mon âme t'appartiendront pour l'éternité.

FORAÜ.

On fait appel à ce Démon pour provoquer des catastrophes le plus souvent naturelles, comme la grêle, les tornades ou la chute de la foudre.

On peut obtenir également de lui des naufrages, des noyades, des culbutes meurtrières, des glissades, des vertiges, etc.

Ce Démon est des plus dangereux d'autant plus qu'il dispose d'une cohorte considérable de subordonnés qui lui obéissent au doigt et à l'œil.

Comme il est vindicatif, il faut se méfier avec lui du choc en retour. Si la personne visée par vous se révèle trop bien protégée pour succomber, *Foraü* est fort capable de s'en irriter et de vous faire subir le sort destiné à autrui.

Formule évocatoire :

O Foraü, *toi qui déchaînes les éléments et provoques la mort ou la blessure par toutes sortes de catastrophes et d'accidents, daigne m'apparaître puisque les Trois Grands Maîtres de l'Enfer ne s'y opposent pas.*

Je veux signer un Pacte avec toi, afin d'obtenir l'accomplissement de mon vœu particulier.

(A ce moment, l'appelant doit expliquer brièvement le motif de son évocation.)

Si tu m'accordes ce que je veux, dans vingt années révolues, mon corps et mon âme t'appartiendront pour l'éternité.

Comme le montre tout ce qui précède, l'évocation des démons n'offre guère de difficultés à qui connaît leurs qualités propres et se trouve averti des dangers qu'ils peuvent faire courir.

Un enfant de sept ans évoque par la prière son ange gardien ; les chrétiens s'adressent à un saint ou à la Sainte Vierge. A fortiori, on peut en appeler aux mauvais esprits.

L'Église Catholique qui a formellement reconnu l'existence des anges au cours du concile de Latran, a aussi reconnu, cela va de soi, l'existence de Satan, ex-Lucifer, et de tous les Démons qui l'ont suivi.

A ce même concile, il fut solennellement déclaré que si l'évocation des anges était licite, celle des démons constituait un abominable sacrilège.

Les bulles d'Innocent VIII, d'Alexandre VI, de Léon X et de Jean XIII renforcèrent les horreurs de l'Inquisition pour punir les évocateurs du diable et la sorcellerie en général.

Les bûchers se multiplièrent, mais en vain car, encore sous Charles IX, on recensait en France plus de trente mille sorciers.

LES ESPRITS INFÉRIEURS

B IEN que le fait soit généralement peu connu, du moins dans les villes, au-dessous des Démons, il existe des *Élémentals*. Ceux-ci peuplent les quatre Éléments : Eau, Terre, Air, Feu, ou plus exactement la matière sous ses quatre états.

Dans l'Eau se trouvent les Nymphes, les Tritons, les Ondins et les Ondines.

Sur la Terre, se trouvent les Gnomes, les Lutins, les Farfadets, les Elmes, les Elfes, les Korrigans, les Kobolds, les Trolls, les Masques (Provence).

Dans l'Air, les Sylphes et les Sylphides.

Dans le Feu, les Salamandres.

Ces filtres ont été longuement décrits par Paracelse et sont évoqués, par des conjurations spéciales.

On les nomme parfois Diablotins, mais ce ne sont nullement des Démons.

On les chasse, non pas par l'exorcisme qui les laisse totalement indifférents, mais par des substances contraires à leur élément propre.

L'Église, et en particulier Saint-Augustin et le pape Innocent VIII, admet leur existence et déclare qu'on peut les évoquer sans impiété.

Ils sont tantôt bons, tantôt méchants ; tantôt travailleur, tantôt paresseux.

Les sept nains de Blanche-Neige étaient des Gnomes.

Au-dessous des Élémentals, il y a encore les *Larves*. Ce sont tous les principes vitaux inconscients flottant dans l'espace, instincts génitaux sans forme, vies cherchant à se manifester et errant au hasard.

Les Larves s'attachent à ce qu'elles rencontrent et sont spécialement attirées par le sperme et par le sang menstruel. Elles sont en effet à la recherche de toute réincarnation possible.

LE SABBAT

L E Grand Sabbat réunit trimestrielle-ment tous les sorciers et sorcières d'une région.

Le Petit Sabbat comporte mensuelle-ment les initiés d'un canton ou d'une petite ville.

Il a lieu dans une solitude : forêt, marais, bord d'étang, carrefour, ruines, catacombes, cime, etc.

Il est dit qu'autrefois les participants ar-rivaient à califourchon sur des balais. C'est une légende qui symbolise la manière très secrète avec laquelle on se rendait à ces ré-unions. Il fallait y mettre d'autant plus de prudence qu'à cette époque les assistants du Sabbat, s'ils étaient pris, étaient destinés au bûcher.

Lorsque l'assemblée était au complet, le

Diable apparaissait. Il prenait souvent l'apparence d'un bouc se tenant sur deux pattes.

On amenait devant le Très-Bas les nouvelles recrues : ceux-ci devaient se prosterner, abjurer la foi catholique (Jésus-Christ et la Vierge Marie), se livrer corps et âme à Satan, ainsi qu'à ses deux séides, Astaroth et Belzébuth, puis prêter serment de fidélité.

Ceci fait, le Maître des Enfers marquait les nouveaux disciples du *stigma diabolique*, un signe indélébile sur l'épaule gauche.

Après quoi, tous se mettaient nus pour rendre hommage à Lucifer ou à son représentant. Il se retournait et chacun venait, à la queue-leu-leu lui baiser l'anus.

Cependant, on préparait des breuvages, des poudres, des onguents magiques, dans des marmites contenant des crapauds, des reptiles, de la fiente de hibou, du sang de nouveau-né, des entrailles de suppliciés, etc.

On prononçait des conjurations et l'on procédait à des maléfices.

Puis les ébats commençaient. Des scènes d'un érotisme échevelé se déroulaient, des danses lubriques, des rondes, des orgies, des accouplements contre nature, dans une sorte d'exaltation générale.

Seule la fatigue finissait par désenlacer les étreintes et tous s'assoupissaient jusqu'à ce que, la vigueur revenant au son d'une musique infernale, commence la fameuse Ronde du Sabbat, qui s'achevait au chant des coqs par la dispersion générale.

De nos jours, si le Sabbat a quelque peu varié dans son rituel, le fond est demeuré pareil à lui-même.

Nous avons le récit d'un témoin. Celui-ci put assister, dans le pays de Quingey, département du Doubs, à l'une de ces cérémonies étranges et en rédigea un compte-rendu des plus intéressants.

Nous en donnons ci-après un extrait :

« Vers onze heures du soir, de furieux aboiements se firent entendre derrière la porte de la femme : c'était le message attendu.

La maisonnée s'habilla sans tarder et Mme Rabin, la tête recouverte d'un long voile blanc, m'invita d'un geste de la main à suivre le cortège. Nous partîmes à la queue-leu-leu, et la marche fut longue dans la nuit sans lune.

A un carrefour, un petit groupe se joignit à nous dans le plus complet silence. Nous suivîmes alors un sentier caillouteux qui nous fit dévaler une pente très raide.

Dans le vallon, je sentis mes pieds s'enfoncer désagréablement dans une terre détrempée. Cinquante mètres plus loin, l'entrée d'une caverne apparut. Nous y entrâmes.

Une torche éclairait les parois et je distinguai enfin les inconnus qui composaient notre réunion. Ils étaient une douzaine, en majorité des femmes, mais aussi deux petites filles et un jeune garçon.

Le fond de la paroi rocheuse formait une sorte de grande niche où mes yeux, peu à peu accoutumés à la lumière, aperçurent une haute forme debout, masquée, la tête ornée d'énormes et majestueuses cornes de buffle.

Le Dieu Cornu!

La plus antique des divinités!

Je revoyais l'image du petit homme masqué de la grotte des Trois Frères, dans l'Ariège, peinture magique du paléolithique. Je revoyais ces innombrables dieux cornus de Mésopotamie, de Sumérie, de Babylone, d'Égypte, le Minotaure des Crétois, le Grand Dieu Pan des Grecs...

Mais ces troublantes réminiscences n'apparaissaient certainement pas dans la conscience de ces adorateurs du diable. Ils savaient simplement que ce n'était pas au principe du mal qu'ils rendaient un culte, selon l'accusation portée par les chrétiens, mais au dieu ancestral antérieur à l'évangélisation.

A côté de l'étrange personnage masqué, un bouc noir se tenait immobile, nous regardant de ses grands yeux sans expression.

Une vieille édentée remit à chacun de nous une chandelle que nous allâmes en procession allumer à la flamme fumeuse de la torche.

Venu de je ne sais quelles coulisses, le

fils de Mme Babin parut, tenant par les pattes une poule noire entravée.

A l'aide d'un bâton pointu, il traça un cercle sur le sol et déposa la volaille au centre.

Son bâton lui servit ensuite à marteler une longue stalactite qui pendait au plafond, produisant ainsi une série de sons graves et impressionnants.

A ce signal, je vis apparaître Mme Babin, tenant dans ses bras un nouveau-né. La mère de celui-ci la suivait, une fiasque à la main.

Les deux femmes s'agenouillèrent devant le dieu cornu dont les lèvres se mirent à proférer d'un ton nasillard des paroles incompréhensibles.

Mme Babin lui présenta l'enfant.

—O Grand Lucifuge Rofocale, dit-elle, je te fais don de cet enfant issu de la lignée de tes adorateurs. Je te le voue et le remets en ton pouvoir afin qu'il te serve fidèlement et garde ton enseignement. Accorde-lui, comme à ses pères, aide, secours et assistance.

—J'accepte, répondit le Démon, et lui assure protection dans cette vie et dans l'autre.

Il s'avança, prit la fiasque et versa

quelques gouttes d'eau lustrale sur le front de l'enfant.

Puis, dégageant l'épaule du bébé, il choisit avec soin un endroit de la peau et l'égratigna à plusieurs reprises en se servant d'une longue épine. Un peu de sang s'épancha.

A cet instant, l'assistance se jeta à genoux en criant :

—Que son sang retombe sur nous et sur nos enfants !

Le Démon passa et repassa la main gauche sur la blessure, tandis que sa main droite, traçait dans l'air des signes magiques.

On se releva et la fiasque circula afin que chacun y bût une gorgée. On vida le reste dans la gueule du bouc qui avala tout aussitôt.

Mme Babin disparut ensuite avec le bébé.

Sa fille noua autour des cornes du bouc un ruban de soie verte, puis posa une couronne de carton doré sur sa tête.

Elle acheva son hommage en baisant la malodorante bête sur l'arrière-train, en quoi chacun vint ensuite l'imiter.

Pendant que ce rite se déroulait, Lucifuge Rofocale s'était éclipsé.

Un ordre parti de je ne sais où, retentit :

—Éteignez les lumières.

Les chandelles ayant été soufflées et la torche enfoncée dans un seau d'eau, toute l'assemblée se trouva dans l'obscurité la plus complète.

Un nouveau cri retentit :

—Un pour tous, tous pour un !

Je ne compris pas immédiatement la signification de cette dernière phrase. L'illumination me vint lorsque je sentis dans mes bras le corps de ma voisine, que je regrettai bien à ce moment de ne pas avoir examinée de plus près.

Une bouche brûlante s'attacha à la mienne.

Autour de moi j'entendais des froissements, des halètements, des grognements Indistincts. Déjà ma voisine m'attirait vers le sol et nous tombâmes doucement.

C'était le commencement de l'orgie sabbatique...»

LA MESSE NOIRE

Au début de la Renaissance, une nouvelle cérémonie s'instaura : la messe noire.

Elle débutait par la confession publique et, naturellement, chacun se vantait des péchés et des crimes les plus abominables.

Satan ou son Suppôt faisait ensuite une parodie sacrilège de la messe normale, prononçait un sermon pour inciter les assistants au vice et au mal, ridiculisait en geste ignoble la consécration, donnait en guise de communion on ne sait trop quel mets ou breuvage fantastique, et le tout se terminait par une orgie générale.

La messe noire se développa les siècles suivants.

Le roi Louis XIV dut intervenir pour punir sévèrement les organisateurs et les prêtres renégats qui célébraient de telles messes jusqu'au palais de Versailles. Mme de Montespan fut elle-même convaincue d'y avoir pris part dans le but de se conserver son royal amant. Encore sous le Second Empire, la Paiva, illustre courtisane, faisait célébrer une messe noire sur son ventre chaque semaine.

Le sacrifice de la messe est un rite par lequel le prêtre force Dieu à descendre sur la terre. Ce qui différencie la messe noire de la messe ordinaire, c'est que dans celle-ci on se contente du simulacre de la présence divine dans l'hostie tandis que dans l'autre, la présence de Dieu doit être réelle, ce qui fait que le ciboire y est remplacé par la croupe, le ventre et les organes génitaux d'une femme nue, et que l'on arrose de sang cet autel d'un genre particulier.

Un auteur nous a raconté avoir connu un prêtre qui, contre espèce sonnantes et trébuchantes, célébrait des messes noires.

Ce fils perdu de l'Église lui expliqua :

—Je prépare moi-même les hosties dont je me sers. Une avorteuse que je connais bien me fournit les fœtus qui remplacent les enfants qu'à notre époque il m'est impossible d'égorger. De ces fœtus, je fais une pâte que j'humecte de sang menstruel et de sperme. C'est avec cette mixture que je confectionne mes hosties.

Le même auteur décrit la messe noire à laquelle il eut la possibilité d'assister :

« Dans la chapelle particulière de l'abbé W... se trouvait sur l'autel un matelas recouvert d'une étoffe noire frangée d'argent.

« La jeune femme, entièrement nue se coucha sur le matelas et le prêtre, nu lui aussi, mais le dos recouvert d'une chasuble, déposa sur son ventre le calice saint.

« Il s'écria : —O Satan, tu es celui qui ne nous trompes jamais, tu tiens tes promesses, tu fais honneur à ta signature, à tes marques et à tes griffes. Tu es le vainqueur, tu triomphes, mais tu n'es point orgueilleux. Tu es plus fort que Dieu, car ton règne est arrivé depuis longtemps, et le sien n'arrivera jamais.

« Ceci dit, l'abbé W... entama sa messe selon le formulaire catholique.

« Arrivé à la Consécration, il s'écria : —Jésus, fils de Joseph et de Marie, toi qu'en ma qualité de prêtre, je force à descendre dans cette hostie, je t'ordonne de nous servir, de te mettre à la disposition de notre maître Satan. Le sang menstruel contenu dans ce calice est maintenant ton sang, la cendre d'enfant dont cette hostie est faite est maintenant ton corps.

« Tenant précieusement entre le pouce et l'index l'hostie rompue, il la porta successivement aux lèvres de la jeune femme éten-

due sur l'autel, à ses aisselles, aux pointes de ses seins, puis il la déposa avec soin sur son pubis.

« La jeune femme tressaillit, ses bras tremblaient, son visage était d'une pâleur de cire.

« Le mystère allait s'accomplir...

« Le prêtre rougissait et flageotait un peu. Il saisit le calice plein de l'immonde liquide et, goutte à goutte, le laissa tomber sur l'hostie. Les gouttes rejaillissaient, maculaient la peau et ce contact piquait la femme, lui arrachant de petits cris.

« A ce moment, l'abbé W... releva le devant de sa chasuble et accomplit sur la jeune femme, là où était l'hostie, une action qu'il m'est impossible de décrire... L'hostie fut à nouveau mouillée ».

INCUBATS &
SUCCUBATS

———◆———

L'INCUBAT est l'accouplement de femmes avec des démons. Le Succubat est l'accouplement d'hommes avec des diablesses.

On étend aujourd'hui ces définitions à tous les accouplements qui se déroulent pendant le sommeil.

C'est ainsi que des femmes sont régulièrement visitées dans leurs songes par un incube, et que des hommes pratiquent l'amour dans les mêmes conditions avec des succubes.

L'incubat et le succubat sont tantôt voulus, ardemment désirés, tantôt contraints. Dans ce second cas, il est très difficile de se débarrasser d'un incube ou d'un succube qui revient avec une régularité plus ou moins grande.

Del Rio écrit que quelque chose peut naître de l'accouplement d'un incube avec une sorcière.

De même, il se sert de la semence que l'homme perd en songe avec une succubat car les démons manquent eux-mêmes de semence. Cette semence, il la donne à un démon incube qui l'utilise avec la femme qu'il visite. Dans ce cas, le Démon n'est pas le vrai père, mais l'homme dont le Démon a pris la semence.

Toutes les sorcières s'accordent pour dire que la semence qu'elles reçoivent du diable est froide comme glace.

Les démons peuvent faire qu'une vierge conçoive, mais à condition de disposer d'une semence d'homme vivant.

Jacques de Voragine raconte qu'un prêtre, tenté par un succube nu, lui jeta son étole à la tête et qu'il ne resta devant lui que le cadavre d'une femme morte, que le diable avait animé pour le séduire.

Dans les cloîtres, assure J.-K. Huysmans, des religieuses sont chevauchées sans arrêt pendant deux, trois, quatre jours, par des incubes.

L'organe de l'être incube se bifurque, car

il est bifide comme la langue du serpent, et au même moment il pénètre dans les deux vases.

D'autres fois, il s'étend, et pendant que l'une des branches de cette fourche agit par la voie licite l'autre atteint la bouche.

ÉVOCATION DES ESPRITS

———◆———

Pour évoquer les esprits, il faut jouir d'une faculté spéciale, être ce qu'on appelle un médium.

Nous avons tous plus ou moins la faculté médiumnique. Pour développer cette

faculté, il est bon de s'exercer selon les méthodes préconisées par les Spirites. On lira avec profit à ce sujet les ouvrages d'Allan Kardec et de Léon Denis.

Suivant les moyens dont se servent les Esprits pour se manifester aux médiums, on divise ceux-ci en médium à effets physiques, médiums sensitifs, médiums auditifs, médiums voyants, médiums parlants, médiums somnambules, médiums guérisseurs et médiums psychographes.

Les médiums à effets physiques produisent des bruits et autres phénomènes matériels.

Les médiums sensitifs perçoivent la présence des Esprits par une impression corporelle particulière, des frôlements, des attouchements, etc.

Les médiums auditifs entendent les Esprits parler.

Les médiums parlants sont ceux qui parlent d'après l'Esprit, c'est-à-dire que l'Esprit emprunte leur voix pour s'exprimer et se faire entendre des assistants.

Les médiums voyants voient les Esprits aller et venir. Ils les appellent et s'entretiennent avec eux.

Les médiums somnambules diffèrent du somnambulisme ordinaire en ce que ce dernier n'obéit qu'à l'impulsion de sa propre âme.

Les médiums guérisseurs sont ceux qui sont médiumnisés par des esprits ayant l'art de guérir.

Les médiums psychographes sont ceux dont la main sert aux esprits pour tracer immédiatement les réponses aux questions adressées.

Les médiums physiques obtiennent des manifestations matérielles, des bruits, des transports d'objets d'un endroit à un autre et des ectoplasmes.

Leur moyen de communication avec les Esprits le plus courant est la table tournante.

Pour enregistrer la communication, les personnes présentes se placent autour de la table et posent leurs mains à plat tout autour, leurs deux pouces se touchant, tandis que leurs petits doigts touchent ceux de leurs voisins.

Ceci fait, on doit observer le silence le plus parfait et ne penser qu'à l'opération à laquelle on s'adonne tout en désirant du fond du cœur la présence du cher Esprit.

Il s'agit d'être patient, l'effet ne se produisant généralement pas tout de suite. Ce n'est parfois qu'au bout de vingt minutes que la table commence à s'agiter. Le délai dépend beaucoup de la force médiumnique des personnes agissantes.

Bientôt la table craque légèrement, produisant ce qu'on appelle des *raps*. Elle s'agite un peu, tressaille et se soulève. Il peut aussi arriver qu'elle sursaute, qu'elle tourne, qu'elle s'incline d'un côté ou d'un autre.

Il faut alors veiller à ne pas gêner ses mouvements en maintenant légèrement les mains à sa surface. La table étant bien en action, on pose la première question :

—Esprit, es-tu là ? Un coup pour oui, deux coups pour non.

La table ayant répondu, on interroge l'esprit sur son nom, etc...

Si l'on veut faire répondre par des phrases entières, on emploie les lettres de l'alphabet. Un coup signifie *a*, deux coups *b*, trois coups *c*, quatre coups *d*... etc...

Quelquefois la table fait entendre une série de bruits secs puis, se détachant entièrement du sol, elle se soulève dans l'espace, monte jusqu'au plafond, redescend lente-

ment, se balance dans l'air, se pose légèrement sur le sol ou s'y précipite tout à coup
en s'y brisant. Il ne faut rien faire pour gêner
ses mouvements.

Quand un médium physique abjure l'Esprit de produire un mouvement, il sature de
son périsprit l'objet déterminé. Ce périsprit
se combine avec le fluide du médium et des
assistants et l'objet soumis à l'action de cette
double force entre en action.

C'est ainsi que l'on peut comprendre
comment une personne très faible peut sou-
lever sous l'influence des Esprits un meuble
pesant, qui représente plusieurs fois son
propre poids.

❖

A la fin du dix-septième siècle, les Esprits
se sont manifestés avec beaucoup d'éclat au
moyen de la baguette divinatoire.

C'est un bâton très léger, d'environ 40
centimètres de longueur, légèrement re-
courbé et portant à l'une de ses extrémités
une petite fourche. On tient la baguette ver-
ticalement comme un pendule.

Dans cet état, si une influence spirite se

fait sentir sur la baguette, elle se met à osciller vivement ou à tressaillit comme une corde métallique. La baguette divinatoire a d'autres propriétés : découvrir les sources, les trésors cachés, rechercher les meurtriers, les personnes disparues, etc.

A la fin du dix-neuvième siècle, les spirites découvrirent le *Ouija*.

Il s'agit d'un assez grand carton rectangulaire sur lequel les lettres de l'alphabet sont tracées à partir de la gauche.

Les opérateurs placent au bas du *Ouija*, soit une soucoupe, soit une pièce métallique. Ils placent leurs mains à plat sur cette dernière et attendent dans le plus grand silence la manifestation de l'Esprit

Au bout d'un certain temps, la soucoupe partira d'elle-même vers la lettre choisie par l'Esprit, reviendra à son point de départ et repartira vers une autre lettre, formant ainsi des phrases complètes.

♣

Il arrive fréquemment que de curieux phénomènes se produisent quand les Esprits veulent d'eux-mêmes se mettre en rapport avec nous. Ils signalent généralement leur présence par des petits coups répétés, des petits chocs, des craquements dans certains meubles, des souffles, etc.

Il est imprudent de ne pas tenir compte de ces appels. Il est préférable dans tous les cas de s'assurer de la présence d'un esprit.

Pour se rendre compte si un bruit inaccoutumé a une cause naturelle ou surnaturelle, il faut mentalement désirer entendre ces mêmes bruits à un intervalle égal. Si ce commandement mental réussit, on se trouve sans nul doute en présence d'un Esprit.

Il faut alors lui demander ce qu'il désire et lui donner le moyen de manifester sa volonté, soit par le truchement de la table, soit en se plaçant devant une feuille de papier en tenant un crayon à la main sur la feuille. Dans ce dernier cas, l'écriture automatique se manifestera bientôt et on sera tout étonné de se voir tracer sur le papier des mots étrangers à sa propre volonté.

Cependant les Esprits ne se manifestent pas toujours d'une manière aussi anodine. Quelquefois, et surtout dans les maisons hantées, leur présence s'annonce par des bruits violents, les meubles sont bousculés, la vaisselle vole, les vitres sont cassées sans qu'aucune cause naturelle puisse en donner l'explication.

♣

Il faut ajouter à ce qui précède qu'il est inutile d'évoquer les diables et les démons par les moyens spirites. Ce n'est nullement d'ailleurs le but du spiritisme.

Les Êtres Infernaux n'apparaissent que s'ils son évoqués selon les procédés et rites indiqués plus haut.

Il est arrivé, à Flavigny, en Bourgogne qu'une personne ayant signé un pacte avec Lucifuge Rofocale voulut ensuite, une nuit, le faire parler au moyen de la table spirite, et ceci en compagnie d'autres personnes.

La table s'arracha d'un seul coup des mains des assistants, puis, tournant autour de la pièce close, elle brisa tout sur son passage et finalement éclata elle-même en mille morceaux.

Le disciple de Lucifuge Rofocale n'y revint plus.

L'ENVOÛTEMENT

O N peut dire que, de nos jours l'envoûtement reste l'opération magique la
plus souvent pratiquée.

Tout ce que l'on fait subir à un support
d'envoûtement est ressenti *sympathique-
ment* par la personne que ce support représente. Bien entendu, pour être efficace le
procédé doit être utilisé selon des méthodes
données.

Le but de l'envoûter est d'atteindre un
être humain de façon maléfique ou bénéfique. L'être visé, centre du rite, y figure sous
forme de *voult*.

Le voult constitue le support d'envoûtement. Il consiste le plus souvent en une
poupée de cire confectionnée autant que
possible à la ressemblance de la personne
visée.

La ressemblance étant généralement des plus vagues, l'opérateur incorporera à la cire des cheveux, des rognures d'ongle, des poils, etc... de celui de celle qui doit être envoûté.

A défaut, on placera sous le voult une photographie, un portrait ou même une lettre autographe. On pourra aussi habiller le voult d'un tissu emprunté à un vêtement porté par la personne visée. Bien entendu, tous ces accessoires peuvent être utilisés en même temps, leur nombre ne faisant qu'accroître l'efficacité de l'opération.

Johann Wier recommande d'inscrire en outre sur le flanc de la poupée la formule suivante :

ALIF LAFEL ZAZAHIT LEVATAM.

Il ajoute que l'envoûtement de haine doit être fait de préférence lorsque la planète Mars domine et l'envoûtement d'amour lorsque c'est la planète Vénus.

De leur côté, les sorciers utilisent comme voult un crapaud qu'ils enterrent après l'avoir baptisé du nom de la victime.

Le voult ayant été fabriqué, l'opérateur projette sur lui la charge maléfique ou bénéfique.

La charge est l'opération préliminaire à l'envoûtement rituel par laquelle l'opérateur accumule dans le voult des influx bons ou mauvais.

Elle consiste, dans l'envoûtement de haine, à accabler l'ennemi de malédictions et d'imprécations ; et, dans l'envoûtement, d'amour, à abjurer l'être aimé de se laisser toucher.

Il s'agit dans les deux cas d'une incantation destinée à concentrer sur la per-

sonne visée toutes les forces de la volonté du magicien. C'est pourquoi l'opérateur doit en même temps pratiquer l'imposition des mains sur le voult, le chargeant de ses fluides magnétiques.

L'OPÉRATION D'ENVOÛTEMENT MALÉFIQUE

—◆—

ELLE a lieu dans une pièce hermétique-
ment close et éloignée de tout bruit.

Le voult est placé sur une table transfor-
mée en autel sur lequel se trouvent les objets
suivants :

- Trois bougies disposées en triangle.
- Un petit réchaud de cuivre ou de fer
  contenant des braises ardentes.
- Un poignard.
- Deux aiguilles acérées.

L'opérateur commence par tracer autour du voult un double cercle magique à
l'aide d'une craie rouge. Puis il jette sur
les braises incandescentes une poignée de
poudre odoriférante. Lorsque la fumée

s'élève, il prononce trois fois à voix haute le nom de la personne à envoûter, et chaque fois il ajoute :

—Sois maudit !

Ensuite l'opérateur se recueille un instant afin de rassembler en lui toutes ses forces psychiques.

Le mage Corionolow enseigne qu'il faut, avant de passer à l'action, prononcer la formule suivante :

Ademico valgar gostifera teratic modravog hexa arco Balaam.

Toujours d'après Corionolow, l'opérateur doit ensuite cracher sur le voult.

Il s'emparera du poignard qu'il tiendra au-dessus de la poupée de cire, sans toutefois la toucher.

A cet instant, il proférera menaces et injures.

Saisissant une des aiguilles, il l'enfoncera 'très lentement à l'emplacement choisi où il la laissera plantée.

S'emparant ensuite de la seconde aiguille, il en lardera le voult d'égratignures à toutes les parties en redoublant de malédictions.

Après avoir jeté l'aiguille, l'opérateur reprendra le poignard et, le brandissant, il exécutera *la danse de haine*.

Rite ultime, le voult sera écrasé par le poing gauche de l'opérateur.

Pour accentuer l'effet, on peut planter le voult maléficié sur la porte de la personne visée, ou le jeter sous sa fenêtre.

Cela n'est pas indispensable mais alors

il faut le fondre dans le réchaud aux braises ardentes.

L'envoûtement sera ainsi terminé. Il n'agira pas toujours la première fois, mais en procédant chaque jour à la même heure à la répétition de l'opération, le sortilège devra finalement s'accomplir.

L'OPÉRATION
D'ENVOÛTEMENT
BÉNÉFIQUE

———•·•———

ELLE a lieu dans une pièce bien close où règne le silence.

Le voult est placé sur l'autel rituel sur lequel sont disposés :

- Cinq bougies dont trois roses, une blanche et une verte.
- Un ruban vert.
- Un brûle-parfum.
- Un bouquet de fleurs fraîches,
- Une bague en or.

L'opérateur sera nu. Il se livrera d'abord à une méditation prolongée au cours de laquelle il se représentera avec force la personne aimée.

Lorsqu'elle sera comme recréée devant lui, il prononcera ces paroles à haute voix :

O*BJET de mon amour, que ton esprit soit touché et que ton corps consente. Que les forces propices t'enchaînent à moi ! Que tu m'appartiennes en tout et pour tout, à jamais, à jamais, à jamais !*

Ensuite, l'opérateur fera brûler le parfum en prononçant à plusieurs reprises le nom de la personne à envoûter. Et chaque fois, il ajoutera :

—Aime-moi !

Il se dirigera ensuite vers le voult et après l'avoir baisé sur toutes les parties, il

l'entourera d'un cercle magique tracé à la craie verte, couleur de Vénus.

Après une minute de silence recueilli, l'opérateur prendra le ruban et en enveloppera le voult en serrant de plus en plus fort et en prononçant d'une voix douce des paroles d'amour brûlant.

Le mage Corionolow dit qu'il faut aussi prononcer l'invocation suivante :

Barimas Veneris cor foriminito suspera garbodama estera noami kekila kakimone uniaberu panta.

Quand le voult est bien serré dans le ruban vert, l'opérateur nouera celui-ci en disant :

—*Tu es noué à moi pour toujours et tu ne pourras jamais appartenir à quelqu'un d'autre.*

Il passera ensuite la bague autour du bras gauche du voult en disant :

—*Je suis à toi comme tu es à moi.*

Après quoi, il ramènera lentement ses mains à son front, à ses yeux, à ses lèvres, à son cœur et à ses parties sexuelles.

Il lancera de nouveau des appels ardents vers l'aimée et terminera en offrant le bouquet au voult, puis en le déposant à ses pieds.

❧

A ce rituel, la *Clavicule de Salomon* ajoute une conjuration que l'on peut essayer sans inconvénient.

CONJURATION

JE vous conjure, par la vénération que vous avez pour le mystérieux nom de STECHIEL, ô génies bienfaisants, vous qui présidez aux opérations que je fais ce jour. Je vous conjure aussi, TALAROTH, DARNIEL, CREFANIEL, CLEUROS, SAMAËL, de venir avec toute la puissance que vous avez d'écarter et de mettre en fuite les esprits malins et ennemis des bonnes opérations. Faites par votre vertu et votre puissance que je réussisse dans ce que j'ai dessein d'entreprendre en ce jour consacré à Vénus.

L'envoûtement d'amour sera recommencé autant de fois qu'il sera nécessaire avant d'obtenir le résultat voulu.

CONTRE-ENVOÛTEMENTS & DÉSENVOÛTEMENTS

I L ne faut pas confondre ces deux termes. Le premier est synonyme de « choc en retour ». Il est exclusivement le fait d'un initié doué d'une force psychique suffisante pour retourner à l'expéditeur l'envoûtement qui lui était destiné.

Il est évident que s'attaquer à plus fort que soi, c'est risquer un choc en retour composé des maléfices mis en action par soi-même auxquels s'ajoutent ceux de l'initié.

Un tel choc en retour est souvent mortel.

En revanche, le désenvoûtement n'est pas offensif. C'est la méthode employée par ceux qui ont été attaqués par des forces dont ils ignorent parfois l'identité.

C'est le moment de dire que beaucoup de gens sont victimes d'envoûtement de la part d'une personne qui n'en est pas elle-même consciente.

C'est ce qui arrive, par exemple, dans certains cas de vie commune, entre conjoints, membres d'une même famille, collègues de travail, etc.

La personne envoûtée peut rester quelque temps sans s'apercevoir de rien. Elle sera une malade qui ignore l'origine de son mal. Elle aura des angoisses d'abord vagues, se précisant peu à peu, des insomnies, des cauchemars inexplicables. Elle aura des fatigues, des faiblesses brusques, des syncopes. Elle pourra voir aussi son entourage s'écarter d'elle, comme si elle était marquée d'un signe redoutable.

Ses affaires périclitent malgré tous ses efforts.

Lorsqu'on se rend compte qu'on est la victime de pratique d'envoûtement, il importe avant tout de découvrir qui est l'envoûteur.

Le mage Corionolow affirme qu'il existe même des cas d'auto-envoûtement, provoqués par la peur, la crainte d'un danger imaginaire, des désirs absurdes, ou encore par une forme de masochisme dans laquelle on devient son propre ennemi au point de chercher l'autodestruction.

En règle générale, il ne faut jamais contre-attaquer sur le plan humain, mais exclusivement sur le plan magique qu'utilise l'envoûteur ennemi.

Ce peut être un concurrent, un adversaire avéré, un voisin, ou toute personne s'estimant blessée dans son orgueil ou son intérêt.

Ce peut être un membre de la famille.

Ce peut être aussi un mort. Il faut alors éliminer les objets ayant appartenu au défunt, et, surtout, son portrait.

MEUBLES ET OBJETS MALÉFICIÉS

———◆———

Un meuble, un bibelot, un tableau, un portrait, peuvent être chargés d'ondes maléfiques « hantés ».

Lorsqu'on aura décelé ce fait, il importe de se débarrasser immédiatement de la cause du mal.

Certains meubles anciens, surtout les armoires en chêne ou les buffets, sont tout particulièrement susceptibles de hantise. On les entend craquer la nuit de façon désagréable et insistante.

Il ne faut jamais entrer en communication spirite avec les entités nuisibles et malveillantes qui se manifestent ainsi, car elles ne vous laisseraient plus en repos.

La meilleure solution est par conséquent de vendre ces objets ou ces meubles en vente

publique, afin d'en perdre complètement
la trace. Ou mieux encore, de les détruire,
voire même de les brûler et de les réduire
complètement en cendres. On peut être certain ensuite que tout lien maléfique aura été
convenablement rompu.

CONCLUSION

A LORS finalement, est-ce que le diable existe réellement? Les démons et les esprits malfaisants? Hélas oui, ils existent bel et bien.

Nous avons mentionnés en début d'ouvrage que le diable cessait d'exister dès que nous n'y portions plus attention. À ceci nous pouvons maintenant affirmer avec plus de précision que, le Malin aura toujours une plus grande emprise et plus de facilité à s'exprimer chez les personnes qui y croient que chez celles qui le renient. Car en vérité, le fait de ne pas croire en quelque chose ne signifie pas pour autant que cette dite chose n'existe pas. Pour le riche, vivre dans le luxe et l'opulence ne signifie en rien que la famine est un mythe pour le pauvre qui la vit au quotidien.

On dit que le plus grand tour que le diable ait jamais fait est de faire croire qu'il n'existait pas. Vous avez dans ce petit livre des outils pour tenter de le prouver.

Osez, si vous n'avez pas froid aux yeux. Peut-être trouverez-vous la réponse tant recherchée depuis les siècles...

TABLE.